LA PROPRIÉTÉ AU SÉNÉGAL

PAR

ALFRED GASCONI

DÉPUTÉ DU SÉNÉGAL

PARIS
IMPRIMERIE DU *MONITEUR DES COLONIES*
221, Rue Saint-Jacques, 221.

—

1884

LA PROPRIÉTÉ
AU SÉNÉGAL

Le régime de la propriété au Sénégal n'a pas été toujours respecté par les gouvernements qui s'y sont succédé. Nous croyons utile d'éclaircir cette question, et d'appeler l'attention du public et de l'administration sur les illégalités qui ont été commises.

I

Après le gouvernement si intelligent et si prévoyant du général Faidherbe, l'administration du Sénégal a inauguré, sous ses successeurs, une série d'actes arbitraires et injustes à l'encontre de la propriété des citoyens. Cette situation a amené devant les tribunaux, la cour d'appel de la colonie et devant la cour de cassation, de nombreux procès en revendication de propriétés que le gouvernement s'était injustement adjugées.

Une étrange théorie a été adoptée : elle consiste à regarder comme propriété du domaine tous les biens, non seulement réclamés par personne ou dont les propriétaires sont inconnus, mais encore ceux dont les propriétaires peuvent justifier de leur qualité. Cette théorie, appliquée dans l'espèce à Dakar et à Rufisque, est basée, au dire de ses défenseurs, sur des prétendus traités passés avec le roi du Cayor, qui cédait une bande de territoire sur le littoral. Or, jamais le roi du Cayor n'a possédé ni Dakar ni Rufisque; Dakar formait, sous un chef électif, la république du Cap-Vert; le territoire de Rufisque était indépendant du damel, ses habitants ne lui payaient qu'un léger tribut consistant en une calebasse de mil par village et un droit de cinq francs pour chaque mât de navire que le commerce attirait sur la côte.

Après l'annexion de ces territoires à la France, annexion toute pacifique et consentie par les indigènes, l'administration, ayant besoin de terrains, s'appropria, au mépris des droits les plus légitimes et sans songer aux difficultés de l'avenir, les biens des indigènes et même des citoyens français. De là, les réclamations les plus fondées et de nombreux procès encore pendants devant les tribunaux. Ne souffrant d'ordinaire aucune contradiction et ne voulant admettre la justesse de ces réclamations, l'administration militaire de la colonie a continué ces errements. Etudier sur quelles bases était fixée la propriété indigène était une recherche de jurisconsulte indigne d'elle; aussi préférait-elle, sans s'inquiéter de l'injustice d'un tel système et le trouvant plus expéditif et plus commode, spolier les propriétaires et s'adjuger leurs biens. Nous recueillons actuellement les conséquences déplorables de pareils procédés.

Parmi les peuples de la Sénégambie, les uns vivent sous un régime monarchique héréditaire; les autres, tels que les habitants de l'ancienne république du Cap-Vert, du territoire de Rufisque, du Fouta, etc., élisent leurs chefs dans des conditions déterminées. Dans ces derniers pays, la propriété royale n'existe donc pas et les terres appartenant à la tribu sont généralement de peu d'étendue. Les propriétés y sont individuelles ou indivises entre les familles.

Au contraire, chez ceux qui reconnaissent le pouvoir royal, la propriété est constituée sous ces trois formes :

1° PROPRIÉTÉ ROYALE

Les propriétés royales ou domaniales étaient souvent, comme récompense de services rendus, cédées par le roi à un chef ou à un père de famille par une espèce de contrat emphytéotique : les sujets payaient un droit annuel, rarement en argent, le plus souvent en récoltes ou en bestiaux. Faites d'abord à titre viager, ces concessions, presque toujours renouvelées en faveur des fils, devinrent à la longue, comme dans notre période féodale, de véritables propriétés de famille.

2° PROPRIÉTÉ DE FAMILLE

La propriété de famille provient d'un ancêtre commun à plusieurs familles et reste presque toujours indivise entre les descendants et les collatéraux.

Les biens provenant de ce genre de propriété sont cultivés tour à tour et annuellement par les familles ou les membres de ces familles. Tantôt, en effet, intervient une convention consentie par les familles à l'égard d'un seul de ses membres ou d'une famille particulière, sauf prélèvement de leur peine lors du partage de la récolte; tantôt tous les membres prennent part à la culture.

Aussi certains actes de notoriété publique indiquent-ils que le même terrain appartient à la fois à telles et telles familles ou à tels et tels individus. Cette situation a pu paraître anormale à quelques administrateurs. Et pourtant, un peu plus de connaissance du droit et une étude même superficielle de l'état social des peuples qu'ils avaient à administrer leur auraient démontré le bien fondé des témoignages attestant cette multiple propriété.

La propriété de famille se divise encore, comme dans notre ancien droit, en propriété paternelle et en propriété maternelle. Dans les successions on applique notre vieux principe : *paterna, paternis; materna, maternis.*

La propriété de famille devient propriété particulière quand, par suite de l'extinction des membres de la famille, elle ne repose plus que sur une seule tête.

L'indivision dans les propriétés de famille, au Sénégal, a les mêmes inconvénients que chez nous et amène les dissensions et les brouilles dans les familles. Mais elle est imposée par des nécessites impérieuses, tenant à l'état social primitif des populations. Quatre motifs principaux entraînent cette indivision :

1° La difficulté du partage dans un pays où le numéraire fait défaut ;

2° La nécessité d'avoir des champs pour les habitants ne vivant que de leur culture et du produit de leurs troupeaux. L'impossibilité même, dans le cas d'un partage contre argent, de pouvoir le placer et le faire valoir; il ne peut qu'être promptement dépensé sans profit et sans fruit pour l'avenir, tandis que la terre est indispensable à ces populations;

3° Le besoin qu'elles ont de la terre les attache à un bien venant d'un ancêtre dont quelquefois l'histoire locale a gardé le souvenir;

4° Dans un pays où les actes civils n'existent pas, la communauté de biens indique une communauté d'origine et consacre une parenté que le temps aurait effacée sans ce signe matériel : la propriété commune.

Ces deux derniers motifs ne sont que les conséquences des deux premiers. Aussi, obligées de conserver les propriétés de famille indivises, ces populations ne peuvent arriver promptement à la propriété individuelle.

3° PROPRIÉTÉ INDIVIDUELLE

La propriété individuelle provient soit d'acquisition directe ou d'échange, soit de la propriété de famille réduite sur une seule tête. Elle peut devenir également propriété de famille si le père ou la mère la laisse indivise entre ses enfants.

C'est pour avoir méconnu cette constitution rationnelle de la propriété que l'administration se trouve actuellement en présence de très graves embarras à Rufisque et à Dakar. Les mêmes difficultés vont se représenter certainement sur une bonne partie de la voie ferrée à établir entre Dakar et Saint-Louis. Le chemin de fer traversera des propriétés particulières ou de famille. Ici encore, un traité passé avec le roi du Cayor donne à la France le terrain nécessaire à la voie. Mais le damel ne pouvait céder que son droit de propriété royale. Il y aura lieu de s'entendre avec les propriétaires et les familles pour les autres biens. L'entente sera d'ailleurs facile et les indemnités légères.

Il y a quelques mois, l'administration crut devoir enlever à des propriétaires des terrains aux environs de Rufisque. Un ordre verbal avait été donné en ce sens; c'était insuffisant. Nous estimons, puisqu'en France il faut une loi d'expropriation pour déposséder un propriétaire en l'indemnisant, que le gouverneur devait apposer sa signature sous un ordre de cette nature et en avoir la responsabilité.

Il serait contraire à une bonne politique d'indisposer par des actes arbitraires et injustes ces populations venues sous notre drapeau, certaines d'y trouver la sécurité pour leurs personnes et pour leurs biens. Evitons toute spoliation dont les conséquences seraient plus fâcheuses que ne le croient ceux qui seraient tentés de la commettre ; et sachons garder intact le vieux renom d'honneur et de justice que la France a su acquérir sur la terre africaine.

II

Après avoir établi historiquement et juridiquement les droits des indigènes du Sénégal, nous nous réservions de prouver que, depuis le commencement du siècle, les indigènes de la presqu'île du Cap-Vert, tributaires, en 1783, des damels du Cayor, avaient reconquis leur indépendance politique à la suite de divers combats sanglants soutenus par eux derrière les retranchements de pierre qu'ils avaient élevés d'une mer à l'autre, et s'étaient constitués en république fédérative, comprenant les villages de Wakham, Hann, N'gor, Yof, Tiaroye et Yemble.

La république de Dakar était gouvernée par un chef politique et religieux, marabout qualifié de *Tierno* ou *Serine*. Un traité de paix fut signé entre ce marabout et le damel du Cayor et, d'un commun accord, la frontière fut fixée entre Tiaroye et M'Baw, au marigot nommé Khonk-N'Dokh (Eau-Rouge), c'est-à-dire à la partie la plus étroite de la presqu'île du Cap-Vert.

Les damels du Cayor n'avaient donc aucune espèce de droit sur les terrains de la république de Dakar, et le sol appartenait bien aux propriétaires indigènes; la meilleure preuve en est dans la constatation des faits qui se sont passés depuis.

Lorsque le colonel Schmaltz vint, en 1817, reprendre, au nom de la France, possession du Sénégal et de ses dépendances, il ne crut pas devoir s'emparer de la presqu'île de Dakar, et, de 1817 à 1832, les habitants de Gorée et les navires français payèrent au *serine* de Dakar des droits ou taxes pour l'embarquement des bœufs, de l'eau et du bois à brûler.

Le 22 avril 1830, un traité d'amitié et de commerce fut signé à Dakar entre Sa Majesté Charles X, roi de France, représenté par le baron Brou, capitaine de vaisseau, gouverneur du Sénégal, d'une part, et Birahima Diagne, Madoun Benga et Moukhtar Silla, délégués de la république de Dakar, d'autre part. Ce traité, « voulant faire disparaître toutes les causes qui pourraient altérer la bonne harmonie qui a toujours régné entre les habitants de l'île de Gorée

» et ceux de la presqu'île du Cap-Vert », abolit, par ses deux premiers articles, les droits d'embarquement sur les bœufs, l'eau, le bois, etc., qui jusqu'alors avaient été perçus par les habitants de Dakar, mais non le prix des denrées payé aux propriétaires du sol.

L'article 3 est ainsi conçu :

« Le fourrage, l'eau, le sable, les pierres, » etc., etc., et *tout ce qui appartient au sol,* » sera payé, comme par le passé, par l'ac- » quéreur de Gorée ou des bâtiments fran- » çais *au propriétaire* sur la presqu'île, etc. »

L'article 4 est aussi concluant en faveur de la propriété du sol : « Le gouvernement » français ayant bien voulu jusqu'à ce jour » accorder, à titre de cadeau, une récom- » pense pécuniaire au chef de Dakar, pour » *l'emplacement qui est occupé par les fontai-* » *nes*, etc. »

L'original de ce traité existe à Gorée ; nous en possédons une copie du temps, certifiée conforme.

Le 20 mars 1834, le commandant Malavois, qui fut plus tard gouverneur du Sénégal, adressait au chef de la république de Dakar une lettre dont voici la teneur :

« A Eliman, chef de la presqu'île de Da- » kar : J'ai appris que la cargaison d'un bâ-

» timent français qui a fait côte dans la baie » d'Yof avait été, contrairement au traité, » pillée par les gens des villages d'Yof, » N'gor et Vaucam (Wakham).

» J'ai vu avec beaucoup de satisfaction » que les gens des villages de Dakar et de » Han n'avaient pas pris part au pillage, et » que vous aviez fait tout ce qui était en vo- » tre pouvoir pour vous faire rendre les ob- » jets volés. J'espère qu'à mon arrivée à » Gorée, qui aura lieu dans trois ou quatre » jours, vous serez parvenu à faire rendre » tout ce que l'on réclame. S'il en était au- » trement, je me verrais dans la nécessité » d'employer la force et j'espère que, si ce » cas arrivait, vous vous joindrez à moi » pour punir les coupables.

» *Le commandant de Gorée*,

» Signé : MALAVOIS. »

Le 24 janvier 1849, le commandant particulier de Gorée, M. Parent, écrivait au maire de cette ville pour le charger d'une mission diplomatique auprès du chef de Dakar. Voici la teneur de cette lettre :

« Citoyen maire, veuillez aujourd'hui » même, je vous en prie, communiquer le » passage suivant de la lettre du gouver- » neur du Sénégal et dépendances, relatif à

» l'affaire de Pierre Diop. Cette communication devant être officielle, je m'adresse à vous à cet effet, et je mets à votre disposition une embarcation de l'*Infatigable*, aujourd'hui à deux heures, pour vous ou la personne que vous enverrez à cet effet.

» » Je vous engage à prendre les plus grands renseignements sur l'arrestation du nommé Pierre Diop ; quelle que soit sa position, il a été arrêté par les gens de Dakar, qui en sont responsables. Essayez donc tous les moyens de douceur pour obtenir d'Eliman la restitution de cet homme, et, dans le cas où il persisterait en ses refus, prévenez-le que vous allez faire déserter tous ses captifs et leur donner la liberté à Gorée ; vous pouvez même, au besoin, agir contre son village, si vous jugez une démonstration nécessaire.

» » Signé : BAUDIN. » »

» Salut et fraternité.

» *Le commandant particulier*,

» Signé : PARENT. »

Toutes ces relations officielles ont lieu avec l'iman ou l'éliman de Dakar, regardé comme chef indépendant de la presqu'île, et jamais avec le damel du Cayor.

Le 23 juillet 1858, le commandant particulier de Gorée prenait un arrêté déterminant le mode à suivre pour indemniser les propriétaires dont les terrains seraient devenus nécessaires pour l'exécution du plan régulateur de la ville de Dakar, définitivement appliqué le 12 août 1858 par une commission nommée à cet effet, le 20 juillet de la même année.

Cet arrêté ne laisse subsister aucun doute sur le droit des propriétaires; en voici le commencement :

« Vu l'ordonnance du 7 septembre 1840,
» vu notre arrêté du 20 de ce mois, prescri-
» vant le tracé des alignements de la ville
» de Dakar et déterminant le mode à suivre
» *pour indemniser les propriétaires à expro-*
» *prier...* »

Trente-quatre propriétaires furent expropriés et reçurent une indemnité de 40 centimes par mètre carré; ce dont il fut dressé un acte notarié en due forme.

La même année (1858), les messageries maritimes *achetèrent et payèrent aux indigènes de Dakar* un terrain de six hectares pour y construire leurs bâtiments d'exploitation.

En 1863, M. le gouverneur Faidherbe, revenu comme général de brigade, abrogeait un arrêté de son prédécesseur par lequel il était défendu aux indigènes de vendre les terrains dont, disait l'arrêté, ils *se prétendaient propriétaires*.

En 1865, M. Pinet-Laprade, dans un article publié au *Moniteur du Sénégal*, proclamait l'annexion de la presqu'île du Cap-Vert à la colonie, mais ne méconnaissait pas les droits des possesseurs du sol.

Ces différentes pièces ne peuvent laisser aucun doute sur la réalité de la propriété individuelle dans la presqu'île de Dakar; il ressort en effet, très nettement, du traité de 1830 :

1° Que la république de Dakar ne dépendait pas des damels; que, par conséquent, ces damels n'ont jamais pu céder ce qui ne leur appartenait pas;

2° Qu'à cette époque, le gouvernement français considérait comme propriétaires réels du sol les habitants de la presqu'île du Cap-Vert, alors que les damels avaient déjà cédé à la France la bande de territoire maritime qui longe la côte.

Les lettres de 1831 et 1849 montrent qu'à ces époques cette doctrine était toujours celle du gouvernement français, puisque, au lieu de réclamer auprès du damel, les gouverneurs s'adressent officiellement et diplomatiquement aux *serines* de Dakar; ceux-ci étaient donc bien indépendants.

L'arrêté de 1858 nous montre les propriétaires indemnisés soit pour l'exécution du plan régulateur de la ville de Dakar, soit pour la construction des établissements d'exploitation des messageries maritimes. Or, si à cette époque le gouvernement s'était cru propriétaire du terrain, comme il le prétend aujourd'hui, pourquoi ne l'aurait-il pas cédé lui-même aux messageries maritimes ? C'est qu'à cette époque, l'étrange théorie consistant à se prétendre propriétaire de par la cession du damel n'avait pas encore pris naissance dans les régions gouvernementales et ce n'est qu'en 1862 que l'administration la mit en pratique. Mais en 1863, le général Faidherbe, l'homme le plus au courant des droits des indigènes et de l'histoire du pays, s'inscrivit en faux contre cette prétention et annula l'arrêté qui la proclamait; or, si les droits des propriétaires n'avaient pas été absolument établis à ses yeux, le général eût-il abrogé un arrêté qui, en fin de compte, était favorable aux intérêts gouvernementaux ?

Il faut donc conclure de tout cela :

1° Que tout le territoire de la presqu'île du Cap-Vert, depuis le cap Manuel jusqu'au marigot de l'Eau-Rouge, entre les deux mers, appartient aux habitants de la presqu'île; que ces habitants, qui n'ont jamais été les sujets des damels, se sont définitivement affranchis du tribut qu'ils leur payaient par les combats de 1783, suivis du traité de paix; que, depuis cette époque jusqu'en 1862, le gouvernement français a toujours reconnu, soit l'indépendance politique de la presqu'île, soit les droits des habitants à la propriété du sol et que, de leur côté, les damels n'ont plus prétendu à la suzeraineté de la presqu'île.

2° Que le principe de l'indemnité, admis en faveur des habitants de la ville, doit être étendu aux propriétaires ruraux de toute la presqu'île.

C'est là le droit. Qu'a fait l'administration ?

Depuis 1880, l'artillerie de marine a construit sur le territoire de la commune et sur des propriétés privées, au quartier des Madeleines, deux grandes casernes et un hôpital. Pour faire ces travaux, l'artillerie s'est servie de matériaux extraits du sol, et les propriétaires n'ont pas été indemnisés. Ils ont dû céder à la force; mais ils ont protesté et la commission d'enquête nommée à ce sujet leur a donné raison. Le directeur de l'intérieur n'a même pas daigné donner connaissance de ces protestations et de ce rapport au Conseil Général.

Sont-ce là des procédés avouables? Est-ce ainsi que l'on prétend s'attacher les populations? Et si, dans des questions aussi claires que celles-là, alors que le droit des propriétaires est aussi solidement établi, l'administration passe outre et s'empare de force de la propriété privée, comment veut-on que les indigènes du Walo, du Cayor et du Djolof aient confiance en nos promesses, qu'ils consentent à subir une administration aussi injuste qu'arbitraire dans ses procédés, méconnaissant les droits les plus sacrés et traitant des populations annexées de bonne volonté comme on n'opprime plus aujourd'hui des pays conquis?

En dehors de la question de droit, qui ne peut être méconnue, il y a d'ailleurs la question politique qui devrait mettre un frein à ces étranges procédés. Pense-t-on qu'il soit bien sage, au moment où notre action s'étendant jusqu'à Bamakou sur le haut Niger, il nous conviendrait d'établir une base de colonisation solide dans tout le delta du bas Sénégal, de faire naître la méfiance dans l'esprit de populations qui ne demanderaient qu'à venir franchement à nous, à se mettre sous notre protectorat, à s'assimiler nos mœurs et nos usages?

Les prétentions des propriétaires de terrains sont-elles donc si exagérées que l'on ne puisse y faire droit ? C'est le contraire qui est vrai ; car, les propriétaires sont si raisonnables, qu'ils ne demandent en somme que l'admission du principe de l'indemnité, si légère que soit cette rétribution. Ils voudraient bien ne pas être dépouillés de leurs biens sans même en être avertis, et c'est en présence d'une telle modération, c'est vis-à-vis de populations aussi douces, que l'on vient, sous prétexte de traités qui dans l'espèce sont étrangers à la question, déposséder de leurs biens de paisibles propriétaires !

Il ne faudrait pas s'y tromper. Cette question peut avoir des conséquences plus graves qu'on ne croit ; certains chefs indigènes sont déjà assez portés à se méfier de l'administration ; quelques-uns refusent même de traiter avec elle, préférant s'entendre avec les délégués de la population qui leur paraissent fournir de meilleures garanties de bonne foi, et, pour combattre cette tendance à la méfiance, on ne trouve rien de mieux que de s'emparer violemment de la propriété particulière sans indemniser les propriétaires.

Voici comment on prétend justifier de pareils actes : les damels, dit-on, ont cédé à la France leurs biens et leurs droits, la France s'est donc substituée aux droits des damels, elle hérite de leurs propriétés et, comme héritière, devient propriétaire du sol, que les indigènes ne possédaient qu'à titre précaire.

Admettons, si l'on veut, la première partie de cette proposition : « la France hérite des droits et des propriétés des damels. » S'ensuit-il qu'elle devienne propriétaire de tout le sol, au détriment des possesseurs actuels ? Il faudrait pour cela prouver que les damels étaient propriétaires de tout le sol, et que les indigènes n'en jouissaient qu'à titre précaire ; or, nous avons démontré que, dans le Sénégal, il existe deux systèmes de gouvernement indigène : la république et la monarchie. L'état monarchique comporte trois sortes de propriétés : la propriété *domaniale*, dont les habitants ne jouissent qu'à titre précaire ; la propriété *familiale*, indivise entre tous les membres d'une même famille, et la propriété *individuelle ;* les damels n'avaient rien à voir dans ces deux dernières sortes de propriétés ; par conséquent, la France, héritière des damels, ne peut prétendre qu'aux propriétés domaniales du Cayor, qui vivait sous le régime monarchique. Quant à l'état républicain, dans lequel, comme à Dakar et à Rufisque, il n'existait que des propriétés familiales et particulières, ni les damels, ni la France, par conséquent, ne peuvent élever aucune prétention sur la propriété du sol.

Mais, en admettant même que les damels aient possédé dans leurs domaines les territoires de Dakar et de Rufisque et que, par les traités invoqués par l'administration, ils les eussent cédés à la France, ce qui n'est pas, comme nous l'avons vu, s'ensuivrait-il que la France aurait aujourd'hui le droit de disposer de ces terrains sans l'agrément des indigènes ou habitants qui les détiennent actuellement? Nous soutenons que non, car, par un traité postérieur à ceux qu'invoque l'administration, le traité de 1830, la France a reconnu que les habitants étaient propriétaires du sol; que ce droit de propriété qu'on leur conteste aujourd'hui, ils en ont joui pendant plus de trente ans, période pendant laquelle la France n'a pas cessé de le reconnaître dans des actes publics et authentiques, en indemnisant les propriétaires toutes les fois qu'elle disposait de leur propriété; et qu'il n'y a pas aujourd'hui de raison nouvelle qui puisse expliquer la nouvelle doctrine de l'administration.

Le traité de 1830 a été signé entre la France et Birahima Diagne, Madoun Benga et Moukhtar Silla. Or, les fils de ces trois personnages vivent actuellement à Dakar et y jouissent d'une légitime considération. Moussa ben Diagne, fils de Birahima, est le maire indigène de Dakar, choisi par ses compatriotes; Ismaël Benga, fils de Madoun, chef d'une nombreuse famille, est apparenté avec un grand nombre d'habitants de Gorée, et il est le plus grand propriétaire de Dakar, grâce à la succession de son aïeul Mapout-Benga, le Guillaume Tell de la républiqne de Dakar; M'Baye Silla, fils de Moukhtar, est un homme très considéré par sa science du droit musulman; il est l'arbitre, le juge par excellence choisi dans les litiges et universellement vénéré.

L'ancien serine de Dakar, le vénérable tierno Dial Diop, le plus instruit des marabouts de la région, celui qui fut dernier eliman (iman) de Dakar, y vit encore actuellement. Et c'est en face de ces personnages avec qui la France a signé, par les mains du commandant Brou, le traité de 1830, que l'on veut aujourd'hui fouler aux pieds ce traité, ne tenir aucun compte des engagements pris et, sans que rien le motive, s'approprier de force ce que pendant près d'un siècle, de 1783 à 1862, on a reconnu être la propriété des habitants !

Cela ne peut pas et ne doit pas être.

L'administration n'a pu élever de semblables prétentions que par suite de son ignorance des traités antérieurs; mieux informée aujourd'hui, elle reconnaîtra son erreur et reviendra de bonne volonté aux anciennes traditions, à celles que la bonne foi, le respect des traités et des droits acquis nous obligent de suivre, et que la bonne politique, à défaut d'autres raisons, aurait dû nous faire adopter.

Paris, mars 1884.

Paris. — Imprimerie du *Moniteur des Colonies*, 221, r. St-Jacques.

4

www.ingramcontent.com/pod-product-compliance
Ingram Content Group UK Ltd.
Pitfield, Milton Keynes, MK11 3LW, UK
UKHW020230200726
13856UKWH00004B/1694

9 782013 554343